바꿔 쓰고 나눠 쓰는 공유 경제 이야기

어떻게 소비해야 모두가 행복할까?

글 미셸 멀더 | 옮김 현혜진

초록개구리

더불어 사는 지구는 우리가 세계 여러 나라 사람들과 함께 이 지구에서 더불어 잘 살기 위해 생각해 보아야 할 환경과 생태, 그리고 평화 등의 주제를 다루는 시리즈입니다.

Pocket Change: Pitching in for a Better World
Text copyright © 2016 Michelle Mulder
First published in Canada and the USA in 2016 by Orca Book Publishers Ltd.
All rights reserved.
Korean translation copyright © 2017 Green Frog Publishing Co.
Korean translation rights arranged with Orca Book Publishers Ltd. c/o
the Transatlantic Literary Agency Inc. through Orange Agency.

이 책의 한국어판 저작권은 오렌지에이전시를 통해 저작권사와 독점 계약한 초록개구리에 있습니다. 저작권법에 의해 한국 내에서 보호를 받는 저작물이므로 무단 전재와 복제를 금합니다.

 차례

들어가는 말 | 우리가 물건을 덜 사면 세상은 어떤 모습이 될까? • 6

1장 언제부터 물건을 사서 쓰게 되었을까?

물건을 사는 건 부끄러운 일 • 10
챙길까? 내다 버릴까? • 11
물물 교환부터 신용 카드까지 • 12
언제부터 하루 종일 일을 했을까? • 15
똑같이 나눠 쓰는 세상을 꿈꾸다 • 17
제발 좀 사 줘요! • 19
은행과 공장이 문을 닫았다고? • 21
또 사고, 버리고, 오염시키고 • 24

2장 사고 싶은 걸 다 사면 행복할까?

돈은 많을수록 좋아! • 28
나의 소비가 세계를 움직인다 • 29
기업은 어떻게 돈을 벌까? • 31
상품이 말하지 않는 진실 • 33
싸게 살수록 좋다? • 35
이 많은 물건을 전부 어디에 둘까? • 37
왜 돈을 쓸수록 일을 더 할까? • 38
새로운 부자가 나타나다 • 39

3장 나누고 빌리면 모두가 부자!

가난의 굴레를 벗겨 주는 은행 • 42
망치질을 하면 집을 얻을 수 있다 • 45
아이들을 자유롭게! • 46
버려진 음식 구출 대작전 • 49
무엇이든 빌려주는 도서관 • 52
우리 물물 교환할까요? • 54

4장 나눔의 기술은 쉽다

돈 한 푼 안 쓰고 살 수 있을까? • 58
아끼는 것보다 좋은 것은 나누는 것! • 59
쓰레기는 없다 • 61
함께 쓰면 더 즐거워요 • 62
'사람 책'을 빌려 드립니다 • 64
은행에 시간을 저축한다고? • 65
더불어 살기 위한 소중한 기술 • 67
나 혼자는 그만, 나눔은 널리! • 70

사진 저작권 목록 • 72

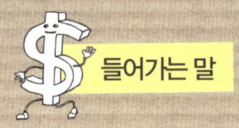 들어가는 말

우리가 물건을 덜 사면 세상은 어떤 모습이 될까?

무언가를 사러 마트에 갔다가 진열대를 둘러보고 선뜻 고르지 못한 적이 있을 것이다. 물론 여러분 혼자 가진 않겠지만, 어른과 함께 가도 무얼 고를지 고민하기는 마찬가지다. 어떤 상품을 살지 고르는 건 그렇게 쉬운 일이 아니다.

나는 몇 년 동안 작은 동네에서 살았다. 이런 동네에 있는 가게에는 고르고 싶어도 고를 물건이 거의 없다. 예전에 페루에서 살았을 때는 샴푸가 떨어져 동네 가게에 갔더니, 종류가 한 개뿐이라 그걸 살 수밖에 없었다. 그 뒤로 캐나다에 돌아와 장을 보러 가게에 갔다가 눈이 휘둥그레졌다. 물건이 엄청 많았기 때문이다! 하지만 정작 필요한 건 별로 없었다.

나는 우리가 사들인 물건이 환경에 어떤 영향

▲ 마트의 생활용품 진열대 모습. 물건이 이렇게 많을 필요가 있을까?

을 미치는지 궁금해졌다. 공장에서는 지구의 소중한 자원으로 물건을 마구 만들어 내고, 우리는 마음에 안 든다며 멀쩡한 물건을 쓰레기통에 내다 버린다. 우리가 물건을 덜 사면 세상은 어떤 모습이 될까? 요즘 나는 물건을 사들이지 않고도 필요할 때 쓸 수 있는 기발한 방법에 관심을 기울이고 있다. 이런 방법은 여러 공동체에서 나온다. 캐나다 토론토에는 믹서나 토스터 같은 주방 용품을 빌려주는 공동체가 있다. 케냐에는 사람들이 적은 돈을 번갈아 빌려 쓰면서 사업을 벌이는 공동체가 있다. 공동체가 한마음으로 뭉치면 삶이 즐거워진다. 또한 환경에도 좋고, 가난도 줄일 수 있다. 어떻게 그럴 수 있을까? 자, 이제 물건을 빌려 쓰고 바꿔 쓰는 공유 경제가 어떻게 우리를 행복하게 하는지 알아보자.

나누면 기쁨 두 배

대학 시절, 내 기숙사 방은 아주 작았다. 부엌이나 욕실도 따로 없었다. 그런데도 무척 마음에 들었다! 공간을 함께 쓴다는 건, 한집에 사는 사람과 부엌에서 뭘 먹을지 이야기 나누고, 거실에서 함께 코코아도 마신다는 뜻이다. 요즘 나는 우리 아파트를 보면 내 기숙사 방이 생각난다. 우리 가족은 주차장 한쪽에 화단을 만들고 해마다 꽃이나 채소를 가꾼다. 이웃들은 우리가 심어 놓은 꽃과 채소를 보고 이야기꽃을 피우면서 서로 인사를 나눈다.

▲ 사용하지 않는 물건을 파는 아이들. 쓰레기를 줄여 환경을 지키고 용돈도 벌 수 있다.

1장
언제부터 물건을 사서 쓰게 되었을까?

수백 년 전까지만 해도 물건을 사는 것은 부끄러운 일이었다. 누구든지 필요한 물건을 집에서 만들어 썼기 때문이다. 하지만 오늘날 공장은 온갖 물건을 수없이 만들어 내고, 사람들은 쉽게 사고 버린다. 어쩌다 우리는 물건을 사는 재미에 깊게 빠져들었을까?

물건을 사는 건 부끄러운 일

수백 년 전에는 빵 한 덩어리만 사도 고약한 소문에 휘말렸다. 당시 서양에서는 주로 여자가 집에서 직접 빵을 구웠다. 빵을 만들지 않고 사 먹는 걸 이웃에게 들키기라도 하면, 여자가 너무 게을러 빵도 굽지 않는다는 둥, 빵을 만들었는데 돌덩이 같았을 거라는 둥 안 좋은 소문이 퍼지기 일쑤였다.

빵뿐만 아니라 옛날에는 먹고사는 데 필요한 온갖 물건을 집집마다 직접 만들어 썼다. 물건을 사는 일은 아주 드물었고, 부끄러운 행동이었다. 그런데 이제 세상이 바뀌어 무엇이든 가게에서 사려고 한다. 물건을 사는 일이 어쩌다 부끄러운 짓에서 자랑스러운 일이 되어 버렸을까? 얘기하려면 길다. 그 시작은 아주 오랜 옛날, 인간이 처음 지구에 나타났을 때로 거슬러 올라간다.

▲ 빵을 굽고 있는 1400년대 프랑스 여성.

▲ 프랑스 파리에서 가장 규모가 큰 백화점인 갤러리 라파예트. 관광객이 꼭 들러 보는 곳으로도 유명하다.

챙길까? 내다 버릴까?

과학자들이 '호모 사피엔스'라 부르는 인간은 지구에서 무려 20만 년을 넘게 살았다. 그리고 그 시간 대부분을 먹을 것을 찾아 산으로 들로 떠돌아다녔다. 여름에 달콤한 딸기가 탐스럽게 자라면 딸기를 따려고 산골짜기를 뒤지고, 가을이 되어 사슴이 드넓은 들판을 내달릴 때면 육즙 가득한 살코기를 얻으려고 숨차게 뛰어다녔다.

한 곳에서 지내다가 먹을 것이 떨어지면, 짐을 챙겨 다른 곳으로 옮겼다. 그때에는 화면이 넓은 텔레비전이 있어 봤자 아무도 갖고 싶어 하지 않았을 것이다. 하루가 멀다 하고 들고 다녀야 할 테니 말이다!

물물 교환부터 신용 카드까지

서아시아 사람들은 약 1만 2,000년 전부터 산이나 들에 나는 식물을 조금씩 돌보기 시작했다. 마음에 드는 식물을 발견하면, 땅을 일구어 옮겨 심고 호수나 강에서 물을 길어 와 뿌려 주었다. 식물은 무럭무럭 자라 열매를 맺었다. 마침내 사람들은 먹을 것을 찾아 떠돌아다니는 생활을 그만두고 한 곳에 머물러 살면서 곡식을 심고 가꿨다.

물론 살아가는 데 필요한 모든 것을 밭에서 키울 수 있는 건 아니다. 그래서 사람들은 필요한 것이 생기면 자기가 가진 것과 바꿨다. 이것이 물건과 물건을 바꾸는 물물 교환이다.

하지만 문제가 있었다. 어느 집에서 빵이 필요해서 밀 농사를 짓는 집에 소 한 마리를 주고 밀을 얻으려는데, 밀 농사를 짓는 사람이 소를 원하지 않는다면 어떻게 될까? 이렇게 되면 일이 완전히 꼬이고 만다. 그래서 조상들이 만든 것이 돈이다.

여러분은 아이스크림 가게에 갈 때 돈을 들고 간다. 동전이나 지폐, 신용 카드가 상품의 가치를 나

이거 알아?

최초의 동전은 기원전 700여 년 전에 오늘날의 터키 땅에 있었던 리디아 왕국에서 만들었다. 금과 은이 섞여 있는 '일렉트럼'이라는 금속으로 만들어졌고, 동전의 한 쪽 면에는 사자의 머리가 찍혀 있었다.

▼ 인도네시아 렘바타섬의 시장 풍경. 이 시장에서는 돈이 필요 없다. 이 섬 주민들은 자기가 가진 물건을 필요한 물건과 바꾸는데, 곡식부터 고래 고기까지 종류가 다양하다.

▲ 남태평양의 야프섬에서 사용한 돌 화폐. 크고 두꺼운 바퀴 모양으로 소형차만큼 무겁다.

▲ 조개껍데기로 만든 공예품. 요즘은 주로 동전이나 지폐를 화폐로 쓰지만, 옛날에는 조개껍데기를 화폐로 썼다.

타낼 수 있다는 생각에서다. 이처럼 상품의 가치를 나타내는 물건을 '화폐'라고 한다.

오래전에 몇몇 나라에서는 소금이나 향신료, 설탕을 화폐로 썼다. 소금이나 향신료, 설탕은 음식을 만들 때 꼭 필요해서 누구에게나 가치가 높았다. 하지만 이런 화폐는 들고 다니기가 힘들었다. 어쩌다 비라도 세차게 쏟아지면 온 가족의 재산이 한순간에 녹아 버리고 말았다!

약 5,000년 전부터는 세계 곳곳에서 조개껍데기를 화폐로 쓰기 시작했다. 조개껍데기는 가벼운데다 단단하고 물에 젖거나 녹지도 않았다. 사람들이 조개껍데기의 이런 성질을 두고 가치가 높다고 여기는 동안 조개껍데기는 화폐로서의 역할을 톡톡히 해냈다. 요즘은 주로 동전이나 지폐를 화폐로 사용한다. 동전이나 지폐 대신 신용 카드를 사용하는 사람도 많다.

언제부터 하루 종일 일을 했을까?

수백 년 전 우리 조상처럼 모든 걸 스스로 만들면 시간이 오래 걸릴 수밖에 없다. 조상들은 필요한 물건을 만들기 위해 온종일 힘들게 일했다. 하지만 오래 일하는 건 지금도 다르지 않다. 오늘날에도 수많은 나라에서 사람들이 그 어느 때보다 오랜 시간 일을 하고 있다.

역사학자들에 따르면, 1700년대 중반까지만 해도 사람들은 하루에 몇 시간밖에 일하지 않았다. 서로 도와가며 빵을 굽고, 실을 잣고, 집과 헛간을 짓고, 곡식을 거두어들였다. 일하고 남는 시간에는 가족이나 이웃과 함께 음식도 해 먹고 이야기도 나누고 악기도 연주하며 느긋하게 보냈다.

하지만 세상일은 아무도 알 수 없는 법! 날씨가 줄곧 나쁘거나 병충해가 생겨서 하루아침에 농작물이 말라죽기도 하고, 어느 해에는 먹을 것이 넉넉하다가도 어느 해에는 먹을 게 없어 배를 곯기도 했다.

그러다가 1769년에 영국의 기계 기술자인 제임스 와트가 내놓은 발명품 덕분에 세상이 완전히 바뀌었다. 제임스 와트는 증기 기관을 만들어 물

▲ 마을 사람들이 모두 나서서 헛간을 짓는 1900년도 전후의 캐나다 농촌 모습.

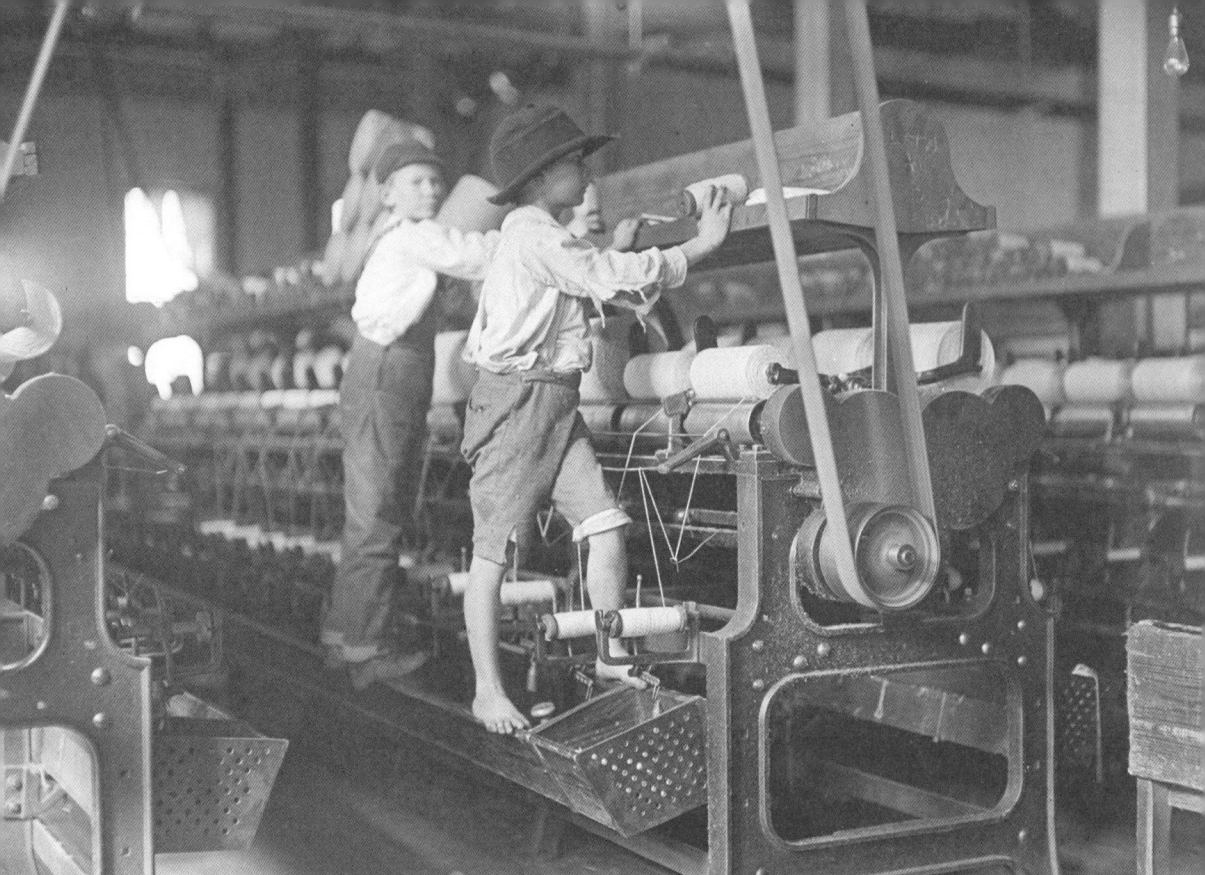

▲ 1909년, 기계 위에 올라가 일하는 미국 조지아주 어린이들. 미국 사진작가 루이스 하인이 찍은 이 사진은 미국 노동법을 고치는 데 영향을 미쳤다.

이 차는 탄광에서 물을 빼냈다. 이것을 본 눈치 빠른 사업가들은 증기 기관을 사용하면 실을 잣고 천을 짜는 방직 기계를 돌릴 수 있겠구나 싶었다.

오래지 않아 유럽 곳곳에 증기 기관으로 돌아가는 방직 공장이 생겨났고, 사람들 사이에서는 공장에 다니면 다달이 돈을 벌 수 있다는 소문이 파다하게 퍼졌다. 농부들은 종잡을 수 없는 날씨나 병충해 걱정 없이 안정된 수입이 생긴다는 생각에 무척 기뻐했다. 농촌 사람들은 너 나 할 것 없이 짐을 싸서 공장이 있는 도시로 떠났다. 도시에서는 어른이든 아이든 공장에서 일을 할 수 있었다.

공장 건물은 하나같이 시끄럽고 어두운데다 냄새도 지독하고 위험했다. 공장 주인은 일한 만큼 임금을 줬기 때문에, 노동자들은 돈이 얼마나 필요한지 헤아린 다음 그 돈만큼만 일을 했다. 처음에 공장 주인들은 노동자에게 돈을 더 주고 일을 더 시킬 작정이었다. 하지만 노동자들은 돈보다 가족과 함께 시간을 보내고 싶어 했다. 마침내 공장 주인들은 공장을 순조롭게 굴러가게 할 방법을 찾아냈다. 노동자의 임금을 깎는 것이었다. 그래서 노동자들은 먹고살기 위해 일을 점점 더 할 수밖에 없었다.

똑같이 나눠 쓰는 세상을 꿈꾸다

얼마 뒤에 유럽과 북아메리카 지역의 사업가들은 공장을 세워 포크부터 자전거 부품에 이르기까지 다양한 제품을 만들었다. 옷이나 가구, 그 밖의 가정용품을 직접 만들 시간이 없는 도시 사람들은 공장에서 만든 물건을 거리낌 없이 샀다. 물건을 사는 건 더 이상 부끄러운 일이 아니었다.

하지만 이런 상황을 다들 좋게만 생각한 건 아니었다. 1848년에 독일의 철학자 칼 마르크스와 프리드리히 엥겔스는 《공산당 선언》을 썼다. 두 철학자는 '물건을 산다고 행복해지는 건 아니다'라고 주장했다. 그러면서 사람들이 결국 이 사실을 깨닫고 오히려 모든 걸 나누게 될 거라고 믿었다.

▲ 뒷줄 왼쪽의 프리드리히 엥겔스와 오른쪽의 칼 마르크스.

이거 알아?

1920년대, 미국과 캐나다의 도시에 전기가 들어오자 집집마다 라디오를 장만했고, 영화관은 사람들로 북새통을 이루었다. 광고업자들은 이제 라디오와 영화관으로 내보내는 광고 앞으로 한꺼번에 수많은 사람을 불러 모을 수 있게 되었다.

1917년에 러시아는 《공산당 선언》에서 말한 행복한 미래로 단숨에 나아가려 했다. 러시아 제국이 무너지고 들어선 소비에트 정부는 돈, 식량, 자원을 국민에게 똑같이 나눠 주는 새로운 제도를 발표했다. 이 제도를 '공산주의'라고 한다.

공산주의는 개인의 재산 소유를 인정하지 않고 모든 사람이 재산을 공동으로 소유하게 하여 부유한 사람과 가난한 사람의 차이를 없애려는 사회 제도이다. 하지만 정작 공동의 재산을 나눠 주는 사람들이 재산을 뒤로 빼돌리기 일쑤였고, 그러다 보니 힘 있는 사람만 떵떵거리며 살고 대부분의 사람들은 가난에 허덕일 수밖에 없었다.

다른 나라에서도 정부가 돈, 식량, 자원을 국민 모두에게 똑같이 나눠 주겠다고 했지만 결과는 소비에트 정부와 다를 게 없었다. 강제로 똑같이 나눈다고 해서 사람들이 전보다 더 행복해졌다는 증거는 지금까지 어디에도 없다. 특히 그런 나라의 지도자들이 똑같이 나누는 것에 별로 소질이 없다면 더더욱 그렇다!

제발 좀 사 줘요!

공산주의를 따르는 사람들은 유럽과 북아메리카 사람들이 물건을 사들이는 행동이 잘못되었다고 나무랐지만, 세계 여러 나라 사람들은 여전히 유럽과 북아메리카 사람들처럼 물건을 마음껏 사고 싶어 했다. 기업들은 세계 곳곳에 공장을 세웠고, 사람들에게 물건을 사라고 부추겼다.

하지만 1920년대까지는 유럽과 북아메리카 사람들도 물건을 많이 사는 편이 아니었다. 여전히 일하는 시간은 줄이고 가족과 시간을 보내고 싶어 하는 사람들이 많았다. 이는 공장 주인이나 종교 지도자에게는 나쁜 소식이었다. 공장 주인들은 사람들이 일을 줄여서 공장 운영에 손해를 입을까 봐 걱정했고, 종교 지도자들은 시간이 남아돌면 사람들이 술독에 빠져 악마 같은 짓이나 저지르며 교회나 성당을 찾지 않을까 봐 걱정했다.

얼마 뒤에 공장 주인들은 해결책을 찾았다. 바로 해마다 제품에 변화를 살짝 주는 것이다. 옷을 여러 색깔로 만들고, 자동차의 창문 모양도 자꾸 바꾸었다. 그러면서 눈길을 끄는 새로운 변화를 사람들에게 널리 알렸

▲ "초콜릿 우유, 아니면 흰 우유"라는 글이 씌어 있는 우유 광고 포스터. 우유 회사는 새로 만든 초콜릿 우유를 홍보하기 위해 포스터를 제작했다.

▲ 1903년부터 판매된 미국 포드 자동차를 타고 있는 가족. 포드 자동차는 처음에는 검은색뿐이었지만, 점차 다양한 색상으로 만들어졌다.

다. 물론 사람들에게 알리는 방법도 새롭게 바꾸었다. 멋진 제품을 이용할 수 있다고 소문을 퍼뜨리는 것만으로는 부족했기 때문이다.

광고업자는 사람들이 정말 원하는 게 뭔지 알아내는 데 관심을 모았고, 그걸 만들어 사람들에게 팔고자 했다. 면도용 크림 광고를 예로 들어 보자. "면도용 크림이 수염만 없애 준다고 생각하시나요? 아닙니다! 남자를 더욱 매력적으로 만들어 줄 뿐 아니라 삶을 좀 더 풍요롭게 해 줍니다. 어쩌면 완벽한 아내까지 만나게 해 줄지도 모릅니다!"

유행이 지난 물건은 금세 찬밥 신세가 되어 밀려났고, 사람들은 자기가 얼마나 유행을 잘 아는지 자랑하기 위해 신제품을 사려고 난리였다. 그러다 보니 공장 노동자들은 할 일이 늘어났다. 사람들이 신제품을 사게 하려고 일부러 제품을 쉽게 망가지거나 금방 유행에 뒤처지게 만든 탓에 끊임없이 새 제품을 찍어 내야 했기 때문이다.

사람들은 광고 탓에 일을 더 많이 하게 되었다. 이미 사들인 물건이 아직 쓸 만해도, 광고에서 부추기는 최신 제품을 사려면 돈이 필요했기 때문이다.

은행과 공장이 문을 닫았다고?

오븐에서 막 꺼낸 초콜릿 쿠키가 있다고 상상해 보자. 여러분은 시원한 우유와 함께 쿠키를 먹다가 지난주에 이웃집에서 자전거를 고쳐 준 생각이 나서 몇 개 가져다준다. 조금 뒤에 동생이 들어오더니 남은 쿠키를 보고는 자기가 시작한 레모네이드 가판대에서 팔아도 되는지 묻는다. 동생은 돈을 많이 벌어, 쿠키를 더 많이 만들 수 있는 재료를 사 주겠다고 약속한다. 꽤 괜찮은 거래다! 동생이 장사를 잘하면 말이다. 하지만 쿠키를 사는 사람이 없

나누면 기쁨 두 배

2000년에 나는 자전거로 캐나다를 한 바퀴 돌면서 짐 가방 4개를 챙겼다. 하지만 여행을 떠난 지 오래지 않아 가방에 필요 없는 물건이 너무 많다는 사실을 깨달았다. 우선 캠프용 휴대 난로를 거의 꺼낸 적이 없었다. 내가 자전거 여행 중이라고 말하면, 여행지에 사는 사람들이 기꺼이 먹을 것을 내주었기 때문이다. 내가 만난 사람들은 거의 저녁을 함께 먹자고 집으로 불렀고, 빈 방에 잠자리도 마련해 주었다. 게다가 다음 날 먹을 아침까지 챙겨 주었다. 캐나다를 반쯤 돌았을 때, 결국 가방 2개를 집으로 보냈다. 여행 막바지에 이르렀을 때는, 짐을 일찍 집으로 보내길 정말 잘했다는 생각까지 들었다!

거나, 동생이 장사하면서 배가 고파 먹어치우거나, 동네 개가 나타나 몽땅 삼켜 버리거나 하면 쫄딱 망하는 거다.

1929년에 이와 비슷한 일이 세계 곳곳에서 벌어졌다. 단, 여기서 없어진 건 쿠키가 아니다. 사람들의 일자리다. 1920년대에 유럽과 북아메리카 사람들은 열심히 일을 했고, 덕분에 사람들은 필요한 돈보다 더 많은 돈을 벌게 되었다. 은행에서도 어느 때보다 많은 돈을 빌려주었다. 어떤 사람은 여윳돈으로 멋진 옷이나 자동차를 사고, 어떤 사람은 주식을 샀다.

주식은 회사에서 발행하는 것으로, 사람들이 돈을 내고 주식을 사면 회사는 그 돈을 자본으로 삼아 공장을 짓거나 장사를 크게 벌인다. 회사가 잘되어 벌어들인 돈은 주식을 산 모든 사람과 나눈다. 그런데 회사가 잘 안 되면 무슨 일이 벌어질까? 회사가 손해를 보면 사람들은 주식을 사느라고 쓴 돈을 하나도 돌려받지 못한다.

1929년, 미국에서 주식이 조만간 휴지 조각이 될 거라는 소문이 파다하게 퍼졌다. 주식을 사들였던 사람들은 놀라서 서둘러 주식을 팔아 돈으로 받으려고 난리였다. 하지만 회사들은 그 많은 사람에게 당장 내줄 돈이 없었고, 결국 미국 주식 시장은 무너지고 말았다. 이 경제 혼란 현상을 '대공황'이라고 부른다. 미국에서 시작된 대공황은 유럽으로 퍼져 나갔다.

빈털터리가 된 회사들은 자기네 회사의 주식을 산 사람들에게 돈 한 푼 못 주고 문을 닫고 말았다. 미국인 4명 중 1명이 실업자 신

1937년, 미국에서는 아이들까지 거리로 나와 시위를 벌였다. 사진 속 아이가 든 손 팻말에는 "왜 우리 아빠에게 일을 안 주나요?"라고 씌어 있다.

▲ 1945년에 미국에서 내건 포스터. 전쟁이 벌어지는 동안 자원이 부족해지므로 집집마다 채소를 직접 길러 먹자는 주장을 담았다.

세가 되었다. 10년 동안 대공황이 이어지면서 소득이 줄어든 사람들은 되도록 돈을 안 쓰려고 애썼다. 커튼으로 옷을 만들어 입고, 채소도 직접 길러 먹었다. 신발이나 책 없이 지내는 아이들도 많았다.

그러다가 1939년에 제2차 세계 대전이 일어났다. 전쟁에 참여한 나라들은 국민들에게 전쟁 물자로 쓸 만한 자원을 모아 달라고 했다. 유럽과 북아메리카에서는 고철을 두들겨 비행기를 만들고, 베이컨 기름으로 폭탄을 만들었다. 집집마다 돈은 없었지만, 거의 모든 사람이 전쟁에 보탬이 될 물건이나 기술을 나라에 제공했다. 사람들은 공동체 안에서 가진 것을 함께 나누고, '적군'을 물리치자는 공동 목표 아래 정부와 똘똘 뭉쳤다.

또 사고, 버리고, 오염시키고!

평생 가난하게 살다가 갑자기 큰돈을 벌었다고 상상해 보자. 제2차 세계 대전이 끝나고 전쟁에 뛰어들었던 나라들은 차츰 원래 모습을 찾아 갔다. 집집마다 적어도 한 사람은 일을 해서 돈을 벌었고, 유럽과 북아메리카에 사는 사람들도 조금씩 여윳돈이 생겼다. 게다가 여윳돈을 쓸 새로운 상품도 잇달아 등장했다. 새로운 상품은 텔레비전이나 자동차부터 으리으리한 집까지 종류도 다양했다.

1950년대에 접어들면서, 사람들은 다시 신나게 물건을 사기 시작했다. 물건을 살 여유가 있다는 건 성공했다는 뜻이기도 했다. 사람들은 냉동식품부터 훌라후프까지 가리지 않고 사들였다. 1960년대가 되자 사람들은 뭐든 사들이고 곧바로 버리는 행동이 지구에 어떤 영향을 끼칠지 궁금해졌다. 물건을 많이 살수록, 점점 더 많은 공장이 지구를 오염시켰다. 몇몇 단체들은 사람들에게 환경 오염 문제를 알리기 시작했다. 마침내 1970년에 4월 22일을

나누면 기쁨 두 배

우리는 식빵 굽는 토스터가 고장 나거나 스웨터에 구멍이 뚫리면 쉽게 버린다. 오래 가는 물건은 뜻밖에도 많지 않다. 게다가 낡은 물건을 고쳐 쓰는 것보다 새 물건을 사는 편이 비용이 덜 든다. 내가 '수리 카페'를 처음 알게 된 건, 《쓰레기통에 숨은 보물을 찾아라!》라는 책을 쓰려고 이것저것 조사하러 다닐 때였다. 수리 카페의 기발한 생각에 나는 너무 흥분해서 우리 동네에도 만들려고 발 벗고 나섰고, 마침내 동네 도서관에 수리 카페를 열었다. 자원봉사자들이 참여해서 사람들이 가지고 나온 망가진 장신구, 액자, 토스터 등을 스스로 고치도록 도와주었다!

▲ 재활용품으로 만든 옷을 입고 '지구의 날'을 축하하는 아이들. 옷 가게에 가지 않아도 새 옷을 마련할 수 있는 방법은 얼마든지 있다.

'지구의 날'로 정했고, 그 뒤부터 환경 운동이 점점 활발해졌다.

요즘은 집에서 편하게 인터넷으로 우유부터 비행기 티켓까지 뭐든 살 수 있다. 그런데 인터넷으로 물건을 사기만 하는 건 아니다. 자신이 가진 물건을 빌려주기도 한다. 새 상품을 사는 대신 쓰던 물건을 다시 사용하는 일은 지구 환경에 아주 이롭다. 자원을 더 쓰지도 않고, 쓰레기를 만들지도 않기 때문이다. 이렇게 지구에 이로우면서도 사람들의 욕구를 만족시킬 수 있는 방법이 또 있을까?

세계에는 기본적인 의식주조차 제대로 누리지 못하는 사람이 많다. 한편 이미 가진 게 많은데도 뭔가 부족하다고 느끼는 사람도 많다. 사람들이 몇 가지 습관을 고치고 생각을 바꾸면 이런 불공평을 해결할 수 있지 않을까?

2장
사고 싶은 걸 다 사면 행복할까?

백화점이나 마트에는 별의별 물건이 다 있다. 옛날처럼 물건을 만드느라 애쓰지 않아도 생활을 편리하게 하는 물건이 하루가 멀게 만들어지고, 싼값으로 살 수 있는 물건도 많다. 게다가 광고는 끊임없이 새로 나온 물건을 사라고 한다. 그런데 물건 살 돈을 버느라 일을 너무 오래하는 건 아닐까?

돈은 많을수록 좋아!

어떻게 하면 종잇조각을 1,000원의 값어치가 있는 것으로 만들 수 있을까? 먼저 아주 많은 사람이 이 종잇조각을 1,000원의 값어치로 여기게 해야 한다. 그리고 온 국민에게 동의를 얻으면, 여러분에게 새로운 화폐가 생기게 될 것이다. 이처럼 돈은 재미있는 물건이다.

1장에서 살펴봤듯이, 옛날 사람들은 일한 대가로 소금이나 설탕처럼 일상생활에 꼭 필요한 물품을 받았다. 한참 뒤에 사람들은 동전을 발명했다. 동전은 소금이나 설탕보다 들고 다니기가 한결 편했다.

▲ 15세기 이탈리아 피렌체의 메디치 가문이 세운 메디치 은행 모습.

돈이 많은 사람은 은행에 돈을 맡겼다. 요즘은 지폐나 동전 대신 플라스틱 카드를 많이 쓰는데, 은행 기계에서 카드로 돈을 찾으면 은행에서는 그 내역을 기록한다. 통장에 돈이 얼마나 남았는지 알고 싶으면 인터넷으로 살펴보거나 은행에 통장 정리를 해 달라고 하면 된다. 어른들은 일한 대가로 더 이상 소금이나 동전을 받지 않는다. 어른들은 이제 통장에 적힌 금액을 늘리기 위해 일을 한다!

사람들은 통장에 담긴 금액이 더 늘어나길 바란다. 그럴수록 더 많은 걸

▲ 스프링 장난감 '슬링키' 기념우표. 1940년대에 미국에서 큰 인기를 모았던 슬링키는 수십 년 뒤에 우표에도 등장했다.

살 수 있기 때문이다. 뭔가를 사면, 우리에게 힘이 생긴다. 그런데 우리가 물건을 사는 행동은 우리만의 활동에서 그치지 않는다. 우리의 행동은 전 세계로 퍼지며 인간의 모든 활동에 잇닿아 영향을 미친다. 어떻게 그럴 수 있을까?

나의 소비가 세계를 움직인다

마트에 있는 최신 장난감을 떠올려 보자. 너무도 근사한 조립식 블록 장난감 말이다! 여러분은 이 장난감을 사려고 몇 달 동안 돈을 모은다. 그리고 마침내 장난감을 사서 옆구리에 끼고 집에 오는데, 길에서 친구를 만났다. 친구는 장난감을 구경하고 싶다며 집에 따라온다. 다음 날 반 친구들이 여러분 주변에 모여들어 새로 산 장난감 이야기를 듣는다. 일주일 뒤에 여러분은 반 친구

▲ 터키 이스탄불에서 할아버지와 손자들이 함께 구슬치기를 하고 있다. 구슬은 수백 년 동안 어린이에게 인기 있는 장난감이다.

의 절반이 블록 장난감을 샀다는 소식을 듣는다.

이제 작은 사무실 안에서 삐걱거리는 낡은 의자에 앉아 있는 사람을 상상해 보자. 그 사람은 블록 장난감을 처음 만들었고, 장난감이 불티나게 팔려서 지금보다 훨씬 많이 만들어야 한다는 소식을 전해 듣는다. 정말 반가운 소식이다! 이제 재료를 더 많이 살 수 있을 것이다. 장난감을 더 만들어야 하니 공장 노동자들에게 임금도 더 줄 수 있다. 이렇게 쓰고도 돈은 여전히 남을 것이다. 야호! 그 사람은 좋아서 펄쩍펄쩍 뛰고 책상 앞에서 춤까지 춘다.

이제 어마어마한 부자가 될 테니까 말이다!
이렇듯 블록 장난감뿐만 아니라 어떤 물건을 사든 여러분의 행동은 경제 활동 전체에 잇달아 영향을 미친다.

기업은 어떻게 돈을 벌까?

회사는 제품을 팔아서 번 돈으로 제품 만들 재료를 사고, 노동자에게 임금을 준다. 이렇게 쓰고 남은 돈을 '이윤'이라고 한다. 회사가 제품 만드는 비용을 줄일수록 이윤은 점점 많아진다. 이윤이 많아질수록 회사는 돈을 번다. 하지만 회사 이윤에 도움이 된다고, 노동자나 지구에도 늘 도움이 되는 건 아니다.

현재 수많은 나라가 노동자의 생활을 보호하기 위해 엄격한 법을 두고 있다. 정부는 노동자의 최저 나이, 하루 노동 시간, 노동자가 받는 임금을 법으로 정한다. 공무원은 회사가 이 법을 잘 지키는지 감시한다. 노동법을 둔 나라는 그렇지 않은 나라보다 제품을 만들 때 돈이 더 든다. 노동자에게 함부로 낮은 임금을 줄 수 없기 때문이다.

미국, 캐나다, 유럽의 회사들은 제 나라를 떠나 가난한 저개발국에서 제품을 만드는 일이 많다. 그런 나라는 노동법이 까다롭지 않아 노동자에게 임금을 적게 주면서 실컷 부려 먹을 수 있고, 나이에 상관없이 노동자를 고용할 수 있기 때문이다. 어떤 나라 아이들은 미국이나 캐나다 사람들의 티셔츠

> **이거 알아?**
> 국제 노동 기구가 발표한 자료에 따르면, 오늘날 전 세계 어린이 중 11퍼센트인 약 1억 6,800만 명이 노동에 시달리고 있다.

▲ 카카오 열매를 갈퀴로 긁어모아 건조대에 말리는 코트디부아르 아이. 부자 나라에 보낼 초콜릿을 만들기 위해 돈도 거의 못 받으며 일하고 있다.

▼ 부잣집에서 하녀로 일하는 인도 아이. 아직도 많은 나라에서 어린이들이 학교 대신 일터에 간다.

를 만들 목화를 따고, 한국이나 일본이 만드는 휴대 전화기에 들어갈 금속을 캐고, 유럽의 가정집 바닥에 놓이는 깔개를 짜면서 하루하루를 보낸다. 아이들이 벌어 온 쥐꼬리만 한 돈으로 온 가족이 겨우 먹고산다.

이렇듯 저개발국 노동자에게 임금을 적게 주면, 미국·캐나다·유럽의 회사들은 제품을 팔 때마다 더 많은 돈을 챙길 수 있다. 한편 몇몇 나라의 정부는 상품을 대량으로 만드는 회사들이 지구를 어떻게 대하는지 감시한다. 예를 들어, 금광에서 금을 캐낼 때 비소·납 같은 중금속이 나오는데, 이것을 그대로 지하수로 흘려보내면 식수가 오염된다. 캐나다에는 중금속을 비롯한 오염 물질을 정화하지 않고 강이나 지하수로 그대로 내보내는 것을 막는 엄격한 법이 있다. 그래서 캐나다의 광산 회사들은 캐나다에서 금을 캘 때 매우 조심한다. 하지만 이런 엄격한 법이 없는 도미니크 공화국이나 아르헨티나에서 금을 캘 때는 제 나라에서 감히 할 수 없는 방법으로 물을 오염시킨다. 광산이나 공장에서 쓰고 버리는 오염된 물을 다시 깨끗하게 만들어 내보내는 일은 돈이 많이 든다. 그러다 보니 어떻게든 물을 깨끗하게 만들어 내보내는 과정을 피하려는 회사가 많다.

상품이 말하지 않은 진실

과학자들에 따르면, 물건 1킬로그램을 살 때마다 쓰레기 40킬로그램이 자연에 버려진다고 한다. 오늘날 강은 화학 물질로 가득

▲ 강으로 공장 폐수가 흘러드는 모습. 오염된 강을 되살리는 데에는 엄청난 노력과 비용이 들어간다.

하고, 매립지는 쓰레기로 몸살을 앓는다. 세계 곳곳의 공기도 오염되어 하늘이 뿌옇게 변하고 있다. 이게 다 공장 탓이라고 할 수는 없지만, 지구를 오염시키는 데 한 몫 거든 건 사실이다.

산업 혁명이 일어나기 훨씬 전에는 주로 아는 사람한테 물건을 샀다. 그래서 파는 사람이 재료를 어디에서 구했는지, 어떻게 만들었는지 훤히 알 수 있었다. 어떤 사람이 이웃의 소젖을 훔쳐서 치즈를 만들면, 소문이 삽시간에 퍼져 아무도 그 치즈를 사지 않았을 것이다.

요즘은 백화점에 가면 세계 곳곳에서 만든 물건이 진열대에 가득

하다. 그러다 보니 어떤 회사가 노동자의 권리나 지구 환경에 관심을 가졌는지 아닌지 알아내기 힘들다. 물건의 겉포장만 보고는 전혀 알 수 없다!

한번 생각해 보자. 휴대 전화 상자를 보고, 인도에 사는 아이가 꾸벅꾸벅 졸면서 부품을 만드는 모습이나 공장 폐수로 오염된 연못에 개구리가 죽어서 둥둥 떠 있는 모습을 과연 떠올릴 수 있을까? 제 이득을 챙기기에 바쁜 회사들이 그런 사실을 고객에게 알리고 싶어 할까?

싸게 살수록 좋다?

노동자와 지구를 소중히 여기는 회사는 제품을 만들 때 다른 회사보다 더 많은 돈을 쓴다. 그래서 회사가 이윤을 내고 살아남으려면 제품을 비싸게 팔아야 한다. 하지만 이건 회사와 소비자 모두에게 부담이다. 소비자 중에는 그 제품을 살 형편이 안 되는 사람도 있고, 형편이 괜찮아도 비싸게 사고 싶은 사람은 없기 때문이다.

소비자인 우리는 물건을 싸게 살수록 다른 물건을 살 돈이 늘어난다. 같은 돈으로 다른 사람보다 많은 물건을 살 수 있다는 건 똑똑한 소비자라는 증거다. 그런데 진짜 그럴까?

사실 이런 태도는 올바르다고 할 수 없다. 통장에 찍힌 액수만 신경 쓰느라, 정작 자기가 산 물건이 지구에 어떤 영향을 끼치는지 신경을 쓸 수 없기 때문이다. 물건을 싸게 많이 사는 소비 행위

▼ 자기가 만든 장난감 자동차를 가지고 노는 수단의 아이. 가난한 나라의 아이들은 장난감 살 돈이 없어 직접 만들어 논다.

때문에 지구 자원은 그 어느 때보다 빠르게 바닥을 보이고 있다. 해마다 우리는 지구가 감당하기 힘들 만큼 빠르게 자원을 쓰고 있다. 이상한 점은 세계의 한쪽에서는 여전히 굶주리는데, 다른 한쪽에서는 먹을 것이 남아돌고 집안에는 온갖 물건이 넘쳐난다는 것이다.

이 많은 물건을 전부 어디에 둘까?

1950년대 이후에 미국과 캐나다에서는 가족 수가 점차 줄었다. 집은 여전히 컸지만, 집집마다 가족의 물건을 둘 공간이 충분하지 않았다. 그래서 사람들은 당장 안 쓰는 물건을 따로 보관하는 창고를 빌렸다. 이런 개인 창고는 미국과 캐나다에만 현재 5만 3,000여 개에 이른다. 넘쳐나는 물건을 보관하는 데 축구장 3만 8,000여 개가 사용되고 있다!

사람들은 왜 이렇게 물건을 많이 가지고 있는 걸까? 게다가 더 이상 안 쓰는데도 계속 끌어안고 사는 이유는 뭘까? 1장에서 물건을 대하는 사람들의 태도가 시대에 따라 어떻게 달라지는지 살펴본 걸 떠올려 보자.

사람들이 동굴에서 살 때는 들고 다닐 수 있는 물건만 가지고 있

▲ 꼭 필요한 살림만 갖춘 작은 집. 작은 집에 살거나 꼭 필요한 물건만 사서 쓰려는 사람들이 점차 늘고 있다.

었다. 그 뒤에 점차 필요한 물건을 직접 만들어 썼고, 산업 혁명이 일어난 뒤에는 직접 만들 수 없는 물건을 사기 시작했다. 물건뿐 아니라 물건을 살 수 있는 돈도 아주 중요한 성공의 상징이 되었다. 무슨 물건을 얼마나 가졌는지가 돈을 자랑하는 수단으로 여겨진다면, 계속 껴안고 사는 게 당연할 것이다!

왜 돈을 쓸수록 일을 더 할까?

많이 가진 사람이 적게 가진 사람보다 반드시 행복한 건 아니라는 연구 결과가 있다. 실제로 많이 가진 사람이 그럭저럭 먹고사는 사람보다 불행할 수도 있다.

기업은 점점 더 많은 물건을 생산하고, 소비자는 제품이 시장에 나오기 무섭게 사들인다. 광고는 다음에 뭘 살지 추천하고, 소비자는 언제나 더 나은 제품을 찾아 헤맨다. 어떤 학자들은 소비자가 이렇게 계속 새로운 것을 찾아 헤매고 다닌다면, 이미 가진 것으로는 전혀 만족하지 못할 것이라고 말한다.

어떤 학자들은 사람들이 인간관계보다 소비에 관심을 모으는 것이 불행의 원인이라고 말한다. 1950년대에 사람들은 물건을 사며 행복해했다. 전쟁이 끝난 뒤라 사람들은 그 어느 때보다 돈을 많이 벌었다. '신용 카드'라는 플라스틱 카드까지 나와서 당장 돈이 없어도 카드로 물건을 사고 돈은 나중에 지불할 수 있게 되었다. 말하자면, 은행에서 빌린 돈으로 물건을 사면서 은행에 점점 많은 돈을 빚지는 셈이었다. 이웃이나 가족이 해 주던 일도 돈을

▲ 동네 친구들과 신나게 노는 시간은 그 무엇보다 값지다.

주고 사람을 썼다. 집집마다 아기를 돌보는 보모나 집 청소를 해 주는 가정부, 심지어 정원을 관리할 사람까지 고용했다.

이렇게 무언가를 사는 데 돈을 점점 많이 쓸수록 사람들은 일을 더 많이 해야 했다. 그 돈을 전부 내려면 돈을 벌어야 하니까 말이다. 돈을 버느라 일을 많이 하다 보니 친구나 가족과 함께 할 시간은 점점 줄어들었다. 한때 일상생활에서 가장 소중했던 사람과의 관계는 점점 소홀해질 수밖에 없었다.

새로운 부자가 나타나다

세계 여러 나라에서 환경 파괴, 빈곤, 경제 위기를 해결하려고 애쓰고 있다. 일부 사람들은 이 세 가지 문제가 서로 연결되어 있어

▲ 자원봉사자들이 낸 아이디어로 삭막한 건물 벽이 산뜻하게 바뀐 캐나다 토론토의 어느 동네. 벽화 덕분에 지역 주민들이 함께 할 멋진 장소가 생겼다.

서 돈과 사람의 관계, 사람과 사람의 관계를 변화시켜야 해결할 수 있다고 믿는다.

우리의 욕구를 모두 만족시키면서 이웃도 알아 가고 환경도 보호할 수 있는 방법은 없을까? 세계 곳곳에서 사람들이 우리가 이렇게 많은 물건을 가질 필요가 있는지 묻기 시작했다. 또한 미래 세대의 환경을 생각하면서 경제 발전을 이루자는 데 뜻을 모아, 완전히 새로운 부의 개념을 만들어 가고 있다.

3장
나누고 빌리면 모두가 부자!

세상에는 물건을 어디에 둬야 할지 모를 정도로 가진 게 많은 사람이 있는가 하면, 끼니를 걱정해야 할 만큼 가진 게 없는 사람도 있다. 하지만 수많은 사람이 어려운 이웃을 도우면서 풍요로운 삶을 살아간다. 이 장에서는 필요한 것을 얻으면서도 이웃과 나누고 환경을 보호하는 지구촌 이웃들을 만나 보자.

가난의 굴레를 벗겨 주는 은행

돈을 벌려면 돈이 필요하다. 용돈을 마련하기 위해 뒤뜰에서 레모네이드를 파는 일도 레몬 살 돈이 없다면 꿈도 못 꿀 것이다. 케냐에 사는 파투마 아라와리는 먹을 것을 살 돈이 없어 굶을 정도로 무척 가난했다. 초등학교는 다닌 지 2년 만에 그만뒀고, 그 뒤로 글을 읽거나 쓰는 법을 따로 배운 적이 없다. 파투마는 어른이 된 뒤 한 단체를 알게 되었는데, 가난에서 벗어나도록 도와주는 곳이었다.

이 단체는 동네 주민으로 이루어진 작은 모임에 돈을 빌려주었고, 주민은 차례대로 그 돈을 빌려 장사를 했다. 파투마도 이 모임에 들어

▲ 레모네이드 가판대를 차린 아이들. 재료 살 돈만 있다면 레모네이드 장사도 꽤 괜찮다.

가서 20달러(우리 돈으로 약 2만 원)를 빌려 닭 몇 마리를 샀다. 그는 달걀을 팔아 빌린 돈을 갚고 이익도 남겼다. 파투마 다음 사람도 20달러를 빌려 장사를 했고, 곧 빌린 돈을 갚고 이익을 남겼다. 돈을 빌린 모임이 돈을 빌려준 단체에 돈을 다 갚을 때까지 차례대로 돈을 빌리고 갚는 방식이 계속된다. 요즘 파투마는 세 아이 모두 학교에 보낼 수 있을 정도로 돈을 많이 번다.

▲ 그라민 은행을 만든 방글라데시 경제학자 무함마드 유누스. 그라민 은행과 무함마드 유누스는 2006년에 노벨 평화상을 받았다.

파투마가 가입한 모임에 돈을 빌려준 단체는 그라민 재단이다. 그라민 재단은 방글라데시 경제학자 무함마드 유누스의 노력으로 탄생했다. 1970년대 초반에 무함마드 유누스는 한 가지 안타까운 사실을 알게 되었다. 가난한 사람은 아무리 훌륭한 사업 아이디어가 있어도 시작조차 할 수 없다는 점이다. 왜? 돈이 없으니까. 이들은 은행에서도 돈을 빌리지 못했다. 은행은 이들이 빌린 돈을 갚을 능력이 없다고 여겨 돈을 빌려주지 않기 때문이다. 고민 끝에 무함마드 유누스는 그라민 은행을 세웠다. 그라민 은행은 20달러 정도의 적은 돈을 가난한 사람에게 빌려주는 은행이다. 금융 전문가들은 아무도 돈을 갚지 못할 거라 큰소리쳤다. 하지만 그라민 은행에서 돈을 빌린 가난한 사람들 가운데 99퍼

▲ 키바에서 돈을 빌려 태양 전지판을 마련한 중앙아메리카 니카라과의 가족. 덕분에 해가 져도 아이들이 마음 편히 숙제를 할 수 있게 되었다.

센트가 열심히 일해 정확한 날짜에 돈을 갚았다. 특히 돈을 빌린 사람이 작은 모임에 속해 있으면 더욱 잘 갚았다. 자신이 돈을 갚지 못하면 모임의 다른 사람이 돈을 빌릴 기회가 사라지기 때문이다.

요즘은 사업을 하고 싶은데 소득이 적은 사람들에게 적은 돈을 빌려주는 단체가 많아졌다. 그중 가장 유명한 단체는 '키바(KIVA)'다. 키바는 선진국의 투자자와 저개발국의 가난한 사람을 연결하는 웹사이트로, 82개 나라에 돈을 빌려주고 있다. 2005년부터 키바는 10억 원이 넘는 돈을 빌려줬다. 20달러라는 적은 돈으로도 이렇게 많은 사람을 도울 수 있다! 키바 같은 단체 덕분에 지금도 수많은 가정이 가난에서 벗어나고 있다.

망치질을 하면 집을 얻을 수 있다

은행은 돈이나 재산이 어느 정도 있는 사람에게만 돈을 빌려준다. 돈을 모아 놓은 사람은 언젠가는 빌린 돈을 갚을 수 있다고 생각하기 때문이다. 그렇다면 집을 사고 싶은데 저금한 돈이나 재산이 전혀 없는 가족은 어떻게 해야 할까?

해비타트는 소득이 적어서 집을 구하지 못하는 가정에 집을 지어 주는 단체다. 이런 가정은 처음에 돈 대신 다른 걸로 집 짓는 비용을 낸다. 그것은 집주인의 노동이다! 집주인은 자기 집을 짓는 데 직접 들어가 일을 거들거나, 이 단체에서 진행하는 자원봉사 활동에 참여하여 자신의 시간과 노동을 제공한다. 일단 집이 다 지어지면, 집값을 전부 낼 때까지 다달이 조금씩 나누어 돈을 갚는다.

노동을 제공하는 건 새로운 아이디어가 아니다. 사실 수천 년 동안 세계

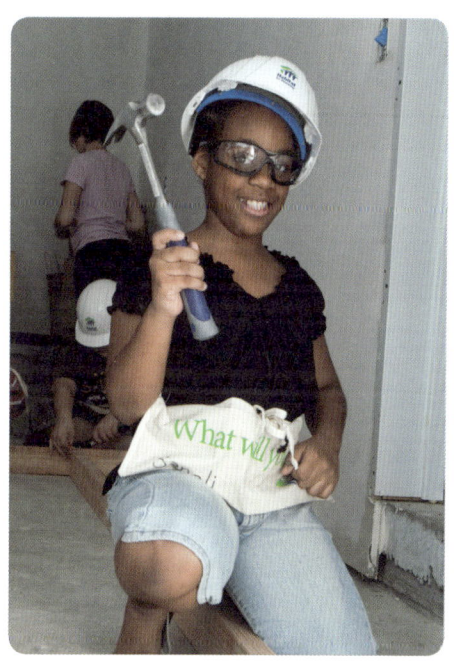

▲ 해비타트 활동에 참가한 아이. 해비타트는 집 짓는 비용 대신 노동을 제공해서 자기 집을 짓도록 도와준다.

▲ 해비타트의 자원봉사 활동에 참가한 아이들. 이 활동을 통해 형편이 어려운 사람들이 자기 집을 짓도록 돕는다.

곳곳의 공동체는 이웃의 도움이 없으면 잘 굴러갈 수 없었다. 어떤 가족이 집이나 헛간을 지으려고 하면 마을 전체가 나서서 도와주었다. 또 도움이 필요하면 마을 전체가 도와줄 거라는 사실을 누구나 잘 알고 있었다.

아이들을 자유롭게!

2장에서는 가족을 먹여 살리기 위해 일해야 하는 아이들 이야기를 다루었다. 하지만 이런 어린이 노동의 현실을 알리고, 더는 이런 일이 일어나선 안 된다며 모금 활동을 펼치는 아이들도 있다! 1995년, 캐나다에 사는 12살짜리 남자아이 크레이그 킬버거는 신문에서 만화를 찾다가 어느 기사 제목을 보고 눈을 뗄 수가 없었다. '어린이 노동에 맞서 싸우던 12살 소년, 살해당하다!' 크레이그는 한동안 제목을 바라보다 재빨리 신문 기사를 읽어 내려갔다.

살해당한 이크발 마시는 파키스탄의 어느 가난한 집에서 태어났다. 이크발이 4살 되던 해에 부모는 동네의 양탄자 공장 주인한테 600루피(우리 돈으로 약 1만 원)를 빌렸는데, 그 돈을 갚는 대신 이크발을 공장에 팔았다. 이크발은 공장에 팔려 간 날부터 하루도 쉬지 못하고 부모가 진 빚을 갚기 위해 하루 14시간씩 양탄자를 짜야 했다. 하지만 빚은 줄지 않았다. 오히려 공장 주인이 먹여 주고 재워 주는 값까지 달라고 해서 빚은 계속 불어만 갔다. 이크발은 10살 무렵에 부모가 진 빚을 어린 자식이 물려받아 갚을 때까지 일하게 하는 것이 법으로 금지되어 있다는 사실을 알게 되었다. 2년 뒤에 이크발은 노동 관련 단체에서 여는 모임에 갔다가 많은 사람 앞에

▲ 크레이그 킬버거가 아시아의 벽돌 공장에서 일하는 한 아이를 지켜보고 있다.

서 자신의 이야기를 들려주었다. 그리고 이 단체의 도움으로 몇몇 아이들과 함께 일터에서 풀려났다. 그 뒤로 이크발은 파키스탄의 어린이 노동 반대 운동에 앞장섰고, 덕분에 3,000여 명이 넘는 아이들이 고된 노동에서 벗어날 수 있었다. 하지만 이크발은 고작 12살에 어린이 노동에 반대한다는 이유로 총에 맞아 목숨을 잃고 말았다.

크레이그는 자기 나이와 같은 이크발에 대한 기사를 읽고 도서관에서 어린이 노동에 관한 자료를 찾아보았다. 그리고 학교 친구들과 이 문제를 놓고 토론을 벌이고, 뜻을 모은 친구들과 함께 어린이 노동을 없애자는 활동을 펼치기 시작했다. 인권 단체에 어린이 노동을 없애자는 편지를 쓰거나 전화를 걸었고, 집 차고에서 중고 장터와 레모네이드 가판대를 열어 기부금을 마련했다.

크레이그가 친구들과 함께 만든 단체 '어린이에게 자유를(Free the Children)'은 오늘날 국제 자선 단체로 거듭났고, 해마다 수천 명의 아이들이 가난에서 벗어나도록 돕고 있다. 세계 곳곳의 여러 학교에서는 '나에서 우리로(Me to We)'라는 동아리를 만들어, '어린이에게 자유를' 단체를 위한 기부금을 모으고 있다.

'나에서 우리로'는 크레이그가 일으킨 사회 운동으로, '나'만 중요하다는 생각을 '우리'가 중요하다는 생각으로 바꾸자는 것이다. 아이들은 이 동아리 활동에서 쿠키를 굽고 레모네이드를 만들며 친구들과 즐거운 시간을 보내면서, 저개발국 아이들이 가난에서 벗어나도록 돕기 위한 돈을 모은다.

버려진 음식 구출 대작전

돈은 쓸모가 많다. 가진 돈을 이용해서 더 많은 돈을 벌 수 있고, 필요한 것이라면 무엇이든 살 수 있다. 하지만 우리는 돈 없이도 할 수 있는 게 얼마나 많은지 종종 잊고 지낸다.

2008년, 미국 사우스캐롤라이나주에 사는 9살짜리 여자아이 케이티 스타글리아노는 학교 과제로 양배추 모종 하나를 받았다. 케이티는 집 근처 볕이 잘 드는 곳에 양배추 모종을 심고 쑥쑥 자라도록 돌보았다. 그런데 다 자란 양배추는 어마어마하게 컸고, 무게만 자그마치 20킬로그램이나 나갔다.

이거 알아?

지구에서 생산되는 먹거리 가운데 3분의 1에서 2분의 1이 버려진다. 버려지는 모든 먹거리가 쓰레기통으로 들어간다는 뜻은 아니다. 때로는 먹거리가 자라난 바로 그 밭에 버려지기도 한다.

나누면 기쁨 두 배

봄과 여름이 되면, 나는 한 달에 한두 번씩 사진 속 친구들이 운영하는 농장에 가서 오후를 보낸다. 농장에서 잡초도 뽑고 산딸기도 따고 퇴비 더미도 옮기면서 말이다. 친구들은 내 도움을 받아서 좋고, 나는 채소나 과일 키우는 법을 배울 수 있어서 좋다. 우리는 서로의 텃밭에 도움이 필요할 때마다 곧바로 일할 모둠을 꾸린다. 내 노동을 제공하고, 또 언제든 친구들의 도움을 받을 수 있다는 건 참 뿌듯한 일이다!

케이티는 이렇게 커다란 양배추를 어떻게 할까 고민하다가 무료 급식소에 보냈다. 케이티가 보낸 양배추로 275명이나 되는 사람들이 배고픔을 달랠 수 있었다.

양배추 하나로도 좋은 일을 할 수 있다는 생각에 케이티는 곧바로 텃밭을 일구고 여러 가지 채소를 심었다. 케이티는 정성을 기울여 기른 싱싱한 채소를 가난한 사람들에게 나눠 주었다. 또한 '케이티의 농작물(Katie's Krops)'이라는 단체를 만들어 미국 곳곳의 채소 농장을 지원했다. 케이티가 지원하는 텃밭 가꾸기에

▼ 직접 기른 양배추를 무료 급식소에 보내 굶주린 사람들에게 나눠 준 케이티 스타글리아노.

▲ 미국의 '떨어진 과일(Fallen Fruit)'이라는 단체가 거리에 과일나무를 심고 있다. 예술가들이 만든 이 단체는 도시에 과일나무를 심어 이웃과 과일을 나누는 활동을 한다.

참여한 아이들은 채소를 직접 기르면서 자기 동네에 사는 가난한 사람들을 돕는다.

채소 기르기 말고도 가난한 사람들에게 먹을 것을 나눠 주는 방법은 많다. 한때 과수원이 많았던 캐나다 브리티시컬럼비아주 빅토리아시에서는 '과일나무 프로젝트'라는 과일 따기 프로그램을 운영하고 있다. 자원봉사자들이 과수원에서 과일을 직접 따고, 이렇게 수확한 싱싱한 과일을 자원봉사자·과일나무 주인·지역 기관이 나눠 갖는다.

▲ 미국 와이오밍주의 작은 마을 잭슨홀에서 활동 중인 '음식 구조대' 자원봉사자. 자전거를 타고 시장을 돌면서 아직 먹을 만하지만 팔기는 힘든 식품을 모은다.

미국 콜로라도주 볼더시에서는 '볼더 음식 구조대'를 운영한다. 볼더 음식 구조대에 지원한 자원봉사자들은 자전거를 타고 동네 시장을 돌면서 아직 먹을 만하지만 팔기는 힘든 식품이나 멍이 들거나 흠이 있는 과일을 모아 온다. 그리고 모은 음식을 가난한 사람들에게 나눠 준다.

무엇이든 빌려주는 도서관

요즈음에는 도서관에서 읽고 싶은 책을 정해진 기간 동안 빌려 본 다음 돌려주면, 다른 사람이 그 책을 빌려 볼 수 있다.

하지만 도서관이 늘 이랬던 건 아니다. 도서관은 고대 이집트 시대로 거슬러 올라가 무려 5,000년 동안 우리 곁에 있었다. 대부분의 세월 동안 도서관은 회원만 이용했고, 책도 집에 가져갈 수 없었다. 사람들이 책을 망가뜨리거나 훔쳐서 도서관에 책이 남아나지 않을까 봐 염려했던 것이다.

1850년에 영국 정부는 인구 1만 명 이상인 도시는 한 곳도 빠짐없이 시민의 세금으로 공공 도서관을 지원해야 한다고 발표했다. 이 소식은 미국을 비롯해 세계 여러 나라로 퍼졌다.

요즘은 책과 관련된 도서관만 있는 게 아니다. 다양한 종류의 도서관이 세계 곳곳에서 문을 열고 있다. 캐나다 토론토에서는 주방 도서관이 문을 열었다. 이 도서관에 가입하면 믹서, 토스터, 탈수기 같은 주방 용품을 일주일 동안 빌릴 수 있다. 공짜로 빌리는 것은 아니고 한 달에 회비 10달러(우리 돈으로 약 1만 원) 정도를 낸다. 주방 용품을 일일이 사서 쓴다고 생각하면 이 회비는 엄청 싼 편이다.

그 밖에도 공구 도서관이나 장난감 도서관도 점

▲ 약 2,000년 전에 고대 로마 사람들이 지금의 터키 셀주크에 세운 셀수스 도서관. 이 도서관에 1만 2,000여 권의 책이 있었다고 한다.

이거 알아?

2006년, 캐나다 몬트리올에 사는 카일 맥도날드는 일자리를 잃었지만 살 집이 필요했다. 그래서 경매 사이트에 빨간 클립 한 개를 올리고 다른 물건과 교환하자고 했다. 14번의 물물 교환 끝에 마침내 카일은 드넓은 초원이 펼쳐진 어느 작은 마을에 집 한 채를 갖게 되었다!

▲ 캐나다 서드베리시에서는 도서관에서 낚싯대도 빌려준다.

▲ 아담한 도서관이 된 미국 뉴욕의 공중전화 부스.

점 늘어나고 있다. 적은 금액의 회비를 내면 필요한 물건을 사지 않고 빌려서 쓸 수 있다. 이런 도서관은 당장 필요한 물건을 사기 힘들거나 물건을 적게 사려는 사람들에게 도움이 된다. 또한 공동체를 도탑게 만들고 지구 환경을 보호하는 데도 한몫한다.

누군가 물건을 사는 대신 빌린다면, 공장에서는 그 물건을 더 적게 만들 수 있다. 그 말은 자원을 덜 쓰고, 쓰레기도 줄일 수 있다는 뜻이다. 사람들이 물건을 사는 대신 빌려 쓸수록 지구는 점점 더 건강해질 것이다. 한편에서는 그렇게 되면 공장이 망하고 노동자도 일자리를 잃는 거 아니냐고 걱정하기도 한다. 하지만 과연 그럴까?

우리 물물 교환할까요?

수천 년 전, 돈이 없던 시절에는 물건을 교환해서 필요한 것을 구했다. 그런데 요즘에도 살림이 어려워지면 물물 교환으로 생계를 꾸리는 사람들이 있다.

2011년, 미국 뉴욕에 사는 저소득층 여성 몇 명이 모여 돈에 대해 이야기를 나눴다. 그들은 서로 닮은 점이 많았다. 가정 폭력에 시달렸고, 먹고살 만큼 돈을 벌 수 있을지 늘 걱정이었다. 이 여성들은 마침 내놓을 물건이 있어서 서로 물물 교환을 시작했다. 어떤 여성은 차로 직장까지 태워 주는 대신 음식을 받았다. 또 어떤 여성은 아이를 돌봐 주는 대신 신발을 받았다. 이들의 거래는 오늘날 물물 교환 네트워크인 '흑인 여성들을 위한 청사진(Black Women's Blue Print)'으로 발전했다. 이 단체의 여성들은 돈을 들이지 않고도 공동체에서 서로에게 필요한 걸 채운다.

나누면 기쁨 두 배

딸아이가 어렸을 때, 친구가 동네 장난감 도서관을 알려 주었다. 처음 그곳에 갔을 때 나와 아이는 깜짝 놀랐다. 아이는 여태껏 그렇게 많은 장난감이 한자리에 모여 있는 걸 본 적이 없었다. 게다가 원하는 장난감을 3개나 집에 가져갈 수 있다고 하자, 아이는 믿지 못하겠다는 표정이었다. 나는 아이에게 빌린 장난감을 2주 뒤에 다시 가져와야 한다고 설명했지만 그건 아이에게 중요하지 않았다. 장난감을 다시 가져온다는 건, 다른 3개를 또 고를 수 있다는 뜻이니까.

▲ 미국 볼티모어에 있는 공구 도서관. 뭔가 만들고 싶을 때 공구 도서관에서 필요한 공구를 빌리면 된다.

세계 인구는 점점 늘고 있다. 그래도 많은 학자가 지구가 내어주는 자원으로 지구상의 모든 사람이 충분히 먹고 입을 수 있다고 주장한다. 그럴 수 있는 가장 좋은 방법은 모두가 공평하게 나눠 갖는 것이다. 세계 여러 나라 사람들은 부를 나누는 것이 생각보다 훨씬 쉽고 즐거운 일이라는 걸 깨달아 가고 있다.

4장
나눔의 기술은 쉽다

돈 한 푼 없이 살아가면서도 필요한 것을 해결해 나갈 수 있다. 어떻게 그럴 수 있을까? 답은 공동체에 있다. 안 쓰는 물건을 남과 바꿔 쓰고, 뒤뜰을 이웃에게 내주고, 친구 자전거를 고쳐 주는 대신 간식을 받을 수 있다. 공동체가 똘똘 뭉쳐 이웃과 정을 나누고 지구 자원을 절약하는 나눔의 기술을 알아보자.

돈 한 푼 안 쓰고 살 수 있을까?

2008년, 아일랜드의 사회 운동가 마크 보일은 돈 없이 살아 보기로 마음먹었다. 2008년 11월 26일 '아무것도 사지 않는 날(Buy Nothing Day)'을 맞이해 마크는 돈 쓰는 걸 멈췄고, 그 뒤로 돈을 한 푼도 쓰지 않았다!

그럼 마크는 어떻게 살았을까? 돈이 생기기 한참 전에 사람들이 살던 방식대로 살았다. 바로 물물 교환이다. 마크는 일을 해 준 대가로 음식과 잠자리를 얻었고, 컴퓨터를 빌려 쓰거나 자동차를 빌려 탔다. 채소도 직접 길러 먹었다. 마크는 은행 예금 대신 친구나 이웃들과의 좋은 관계에 의지했다. 다른 사람을 돕기도 하고, 필요할 때 도움을 받기도 했다. 그러다 보니 삶이 그 어느 때보다 풍요로워진 느낌이었다. 게다가 마크는 이런 생활 방식이 지구에 피해를 덜 준다는 걸 깨달았다.

▲ 먹어도 괜찮은 게 뭔지 아는 사람은 자연에서 다양한 먹거리를 공짜로 구할 수 있다.

마크는 이렇게 말한다. "우리가 먹을 걸 직접 키우면, 음식의 3분의 1이나 버리는 일은 없을 거예요. 식탁이나 의자도 직접 만들면, 실내 장식을 바꿀 때 함부로 버리지 못할 겁니다. 자기가 마실 물을 직접 정화해야 한다면, 아마 물을 오염시키는 일도 없을 걸요."

▲ '아무것도 사지 않는 날'을 기념해 거리에 나와 행진하는 사람들.

돈 없이 살기로 한 마크의 생각에 동참하여, 다른 나라에서도 돈을 멀리하면서 필요한 것을 해결해 나가는 사람들이 늘고 있다. 돈 없이 산다는 생각은 터무니없어 보일 수 있다. 하지만 인간이 지구에서 살았던 수많은 세월을 돌이켜보면, 돈은 비교적 최근의 발명품이다. 우리는 인류 역사의 대부분을 지금 마크가 하는 것처럼 남들과 서로 도움을 주고받으며 살아왔다.

아끼는 것보다 좋은 것은 나누는 것!

물론 돈 없이 사는 건 모든 사람이 찬성하는 건 아니다. 동전, 지폐, 신용 카드만큼 편한 것도 없기 때문이다. 하지만 물건을 덜 사기만 해도 세상이 돌

> **이거 알아?**
>
> '아무것도 사지 않는 날'은 지나친 소비를 반성하기 위해 만든 날로, 1992년에 캐나다 밴쿠버에서 시작되었다. 지금은 65개 나라에서 이 날을 기념해 신용 카드를 자르고, 무료 행사를 열고, 가난한 사람들에게 줄 옷을 모은다.

▲ 안 쓰는 물건을 서로 바꾸거나 사고파는 나눔 장터의 모습.

아가는 방식은 달라진다.

물건을 덜 사면 무슨 일이 벌어질까? 물건을 덜 사면 회사가 돈을 못 벌어 망할 테고, 결국 사람들은 일자리를 잃고 아등바등 살아야 할지도 모른다. 만일 모든 사람이 갑자기 돈을 쓰지 않거나 소비를 줄이면, 그런 일이 실제로 일어난다. 하지만 사회는 그렇게 순식간에 바뀌지 않는다. 문화와 습관은 천천히 바뀐다. 그리고 이런 것들이 바뀌는 동안 사람도 회사도 그에 맞게 적응해 간다. 우리 인류는 지구에 첫 걸음을 뗀 순간부터 주변 상황에 잘 맞춰 왔다.

이제 지구는 우리의 관심이 필요하다. 자원을 아껴 쓰는 것이야말로 지구를 지킬 수 있는 가장 확실한 방법이다. 하지만 그보다 더 좋은 방법은 함께 나누는 것이다. 가난한 사람을 돕고, 지역 사회도 똘똘 뭉쳐 서로 돕는 것이다.

쓰레기는 없다

쓰레기란 무엇일까? 미국의 환경 운동가 데론 빌에게 물으면, 쓰레기는 없다고 말할 것이다. 그저 쓸모 있는 물건이 엉뚱한 장소에 놓여 있을 뿐!

데론은 2003년에 아직 쓸 수 있는 물건과 그걸 찾는 사람을 이메일로 연결해 주는 '프리사이클'이라는 중고 거래 운동을 시작했다. 데론의 친구나 동료들은 오래된 매트리스, 쓰다 남은 페인트,

나누면 기쁨 두 배

내가 사는 아파트의 주민들은 서로 친하다. 노크 소리에 문을 열면, 딸기를 건네주거나 파이를 같이 먹자고 부르거나 그릇을 빌려 달라거나 한다. 그리고 일요일이면 집집마다 현관문을 활짝 열어 놓는다. 딸아이와 이웃집 아이들이 복도를 가로지르며 그 애 집에서 우리 집으로 왔다 갔다 하며 뛰어놀기 때문이다.

서류 정리함, 고장 난 자전거 같은 물건이 있다고 데론에게 알려 줬고, 데론은 그런 물건에 관심이 있을 사람들에게 이메일을 보냈다. 버려지는 물건 목록을 이메일로 받아 본 사람들은 서로 가져가겠다고 연락을 해 왔다.

많은 사람의 적극적인 참여에 힘을 얻은 데론은 2004년에 프리사이클 웹사이트를 만들어 쓸 만한 물건을 올렸다. 이 사이트를 통해 사람들은 프리사이클에 매일 2만 4,000개 이상의 물건을 기부했다. 기부자들은 짐스러운 물건을 치우니 자기 집이 넓어져서 좋고, 받는 사람은 필요한 물건을 공짜로 얻으니 좋아했다. 게다가 해마다 엄청난 쓰레기를 매립지에 버리지 않아도 되니 지구 환경에 이보다 좋을 수 없다.

함께 쓰면 더 즐거워요

나눔으로 해결할 수 있는 것은 쓰레기 문제만은 아니다. 나눔은 성가신 잔디 깎기에서도 벗어날 수 있게 한다. 유럽과 북아메리카에서는 뒤뜰을 이웃과 함께 쓰는 사람들이 점점 늘고 있다. 매주 기계를 끌고 다니며 뒤뜰에 들쑥날쑥 자란 잔디 깎는 일을 지겨워하는 사람도 있지만, 반대로 채소를 기르고 싶어도 심을 땅이 없는 사람도 있다. 이럴 때 뒤뜰을 같이 쓰면, 양쪽 모두 원하는 걸 얻으면서 덤으로 새 친구도 사귈 수 있다.

이거 알아?

게릴라 정원은 도심에 버려진 자투리땅이나 누구도 돌보지 않는 거리 공터에 꽃과 채소를 심은 작은 정원이다. 사람들은 인도와 도로 사이의 공유지에 게릴라 정원을 만들기도 한다. 미국과 캐나다의 여러 도시들은 게릴라 정원을 환영하면서 공유지에 채소나 꽃을 키울 수 있도록 법을 고치고 있다.

▲ 유럽과 북아메리카에서는 채소를 키우고 싶은데 텃밭이 없는 사람들을 위해 뒤뜰을 함께 쓰는 사람들이 늘어나고 있다.

▲ 인도와 도로 사이에 있는 자투리땅에도 채소나 꽃을 기를 수 있다. 텃밭을 가꾸는 데 반드시 넓은 공간이 있어야 하는 것은 아니다.

사람들이 함께 사용하는 공간은 뒤뜰 말고도 더 있다. 네덜란드 데벤테르의 은퇴자 아파트에 사는 노인들은 이웃이 온통 노인뿐이어서 사회에서 밀려난 느낌이 들어 불만이 많았다. 한편, 이 도시에는 대학생들이 비좁고 지저분한 집에서 비싼 돈을 내며 살고 있었다. 노인들의 불만과 학생들의 어려움을 한꺼번에 해결할 방법은 무엇일까?

이 도시에 있는 대학교 6개에 다니는 학생들이 근처 은퇴자 아파트로 들어갔다. 학생들은 넓고 쾌적한 아파트에 사는 대신 노인들과 한 달에 30시간을 함께 보내기로 했다. 한 학생은 85살 노인에게 이메일 보내는 법, 인터넷 검색하는 법, 비디오 보는 법을 가르쳐 주었다. 또 다른 학생은 몇몇 노인에게 스프레이 페인트와 두꺼운 종이를 주고 벽에 그림 그리는 법을 가르쳐 주었다! 공간을 함께 쓰면 뜻밖의 즐거움이 생길 수 있다.

'사람 책'을 빌려 드립니다

만약 경찰관이나 히잡을 쓴 여성, 휠체어를 탄 장애인이 되면 어떤 기분일지 생각해 본 적이 있는가? 이런 사람들을 만나 직접 질문을 해 보면 어떨까?

2000년, 덴마크 코펜하겐의 어느 축제에서 비폭력 시민운동 단체인 '폭력을 멈춰라(Stop the Violence)'가 세계 최초로 사람 도서관을 열었다. 편견을 버리고 다양한 사람들과 이야기 나눌 수 있는 자리를 마련한 것이다. 사람 도서관에 가면 '살아 있는 사람 책' 75명 가운데 하나를 고를 수 있다. 그러면 경찰관이 거리에 그림을 그리는 그라피티 예술가와 신나게 이야기를 나눌 수 있고, 정치인이 젊은 사회 운동가와, 축구 팬이 여성 운동가와 깊은 대화를 나눌 수도 있다.

참가자들은 이런 기회가 없다면 말 한번 안 해 봤을 사람들과 이야기를 나누면서 점차 편견을 버리고 서로를 한 사람으로 바라보기 시작한다. 사람 도서관 행사는 세계 곳곳에서 열리고 있다.

은행에 시간을 저축한다고?

영국 스코틀랜드의 고볼스는 폭력이 판치는 위험한 곳이었다. 이곳에 사는 사람들은 하루하루 먹고살기 힘들 정도로 가난했고, 그러다 보니 범죄를 저지르는 사람도 많았다. 하지만 색다른 은행이 생기면서 상황이 완전히 바뀌고 있다. 도대체 무슨 은행일까?

새로운 은행은 돈이 아니라 시간을 저금하는 '시간 은행'이다. 예를 들어 여러분이 동네 할아버지가 식료품 사는 일을 돕는 데 1시간을 썼다면, 나중에 다

이거 알아?

에스파냐는 2012년에 나라 경제가 나빠지면서 일자리를 잃는 사람들이 늘어났다. 그러자 돈 대신 시간을 저금하면서 일상생활에 필요한 것들을 마련해 나가는 사람들이 늘어났다.

▲ 미국 미시건주 라스럽 빌리지에 문을 연 '시간 은행' 앞에 사람들이 모여 있다. 자신의 시간과 기술을 다른 것과 바꾸려는 아이디어가 이 은행을 만들었다.

른 사람에게 그 시간만큼 자전거 수리를 받을 수 있다. 누구의 시간이든 모두 똑같이 소중하다. 이제 이곳 사람들은 무슨 일이 생기면 누구에게 도움을 요청해야 하는지 알고 있다. 하지만 그보다 더 중요한 건 돈이 없어도 자기가 가진 시간과 기술은 가치 있고, 그것으로 살아갈 수 있다는 걸 알게 되었다는 사실이다. 최근 몇 년 사이에 세계 곳곳에서 시간 은행이 생기고 있다.

'교환 학교 네트워크(The Trade School Network)'는 재능을 기부하는 동시에 공동체를 만드는 또 다른 방법이다. 세계 20여 개 도시의 사람들이 이 단체에 가입했는데, 바느질부터 웹 디자인에 이르기까지 자기가 좋아하는 것을 가르치고 그 대가로 물품을 받는다. 예를 들어 캐나다 밴쿠버에 사는 어느 회원은 뜨개질을 가르치고 그 대가로 차와 커피를 받았다. 미국 뉴욕에 사는 어느 회원은 서커스 곡예 기술을 가르치고 자전거 부품과 초콜릿을 받았다. 이렇게 교환하다가 언젠가 자전거 부품 덕분에 서커스단에서 일자리를 얻을지도 모른다.

더불어 살기 위한 소중한 기술

세계 곳곳에서 사람들이 생활에 필요한 것을 직접 마련하면서 지구에서 좀 더 쾌적하게 살아갈 수 있는 방법을 내놓고 있다. 이를 행동으로 옮기는 데는 비싼 장비가 전혀 필요 없다. 그저 주변 사람들에게 말을 건네고 서로 나누기만 해도 생활에서 필요한 것을 채우고 동시에 환경 문제를 해결할 수 있다.

나누면 기쁨 두 배

채소와 과일을 재배하는 친구가 있다. 친구는 동네 텃밭에 케일, 키위, 레몬 등 뭐든 심고 거두어들인다. 그 동네 사람치고 내 친구의 텃밭 사랑을 모르는 사람은 없다. 그래서 동네 사람들은 퇴비로 쓰라며 음식 찌꺼기를 가져오고 모종이나 씨앗도 준다. 동네 이발사는 이발 값으로 돈 대신 순무 3개를 받았다!

우리가 이웃과 더불어 지낼수록 그동안 상상하지 못한 좋은 경험을 하게 될 것이다. 이제 여러분이 직접 그런 경험을 할 수 있는 방법을 알아보자.

채소를 키우자

작은 땅, 씨앗 몇 개, 약간의 물과 시간만 있으면 온 가족이 싱싱한 채소를 맛볼 수 있다. 아파트에 살아도 베란다에서 채소를 길러 먹을 수 있다. 이웃집 마당이 넓다면, 잡초도 뽑고 나무에 물도 줄 테니 마당을 같이 쓰자고 해 보자. 어쩌면 이웃이 여러분의 제안을 좋아할지도 모른다.

▲ 베란다가 작아도 얼마든지 채소를 기를 수 있다.

바꾸어 쓰자

옷을 바꾸거나 책을 교환하는 건 새로운 물건을 즐길 수 있는 멋진 방법이다. 동네에 이런 행사가 있는지 부모님께 여쭤 보자. 없다면 친구들과 물건을 바꿔서 써도 좋고, 아니면 여러분이 직접 물물 교환 행사를 열 수도 있다.

▲ 안 입는 옷을 모아 필요한 사람과 바꾸는 나눔 장터의 모습. 옷을 바꿔 입으면 공짜로 새로운 옷을 얻을 수 있다.

빌려 쓰자

어쩌다 한 번 사용하는 물건이 있다. 이런 물건은 다시 사용할 때까지 한 달이고 두 달이고 구석에 처박혀 있다. 그런데 도서관이나 친구에게서 빌리면, 물건을 잔뜩 쌓아둘 일 없이 필요할 때 쓸 수 있다. 빌려준 사람도 누군가 자기 물건을 잘 쓰고 있다는 생각에 마음이 뿌듯해진다.

땀과 바꿔 보자

자전거가 고장 났는데 고칠 돈이 없다면 손재주 좋은 이웃을 찾아보자. 그 이웃에게 눈을 치워 주거나 낙엽을 쓸어 주는 대가로 자전거 수리하는 법을 배우는 건 어떨까?

▼ 고장 난 물건도 공짜로 고치고 새로운 기술도 익힐 수 있는 수리 카페의 모습.

나눔의 힘을 보여 주자

세계 곳곳에는 직접 나서서 굶주린 사람에게 먹을 것을 나눠 주고, 노예처럼 사는 아이들을 구해 주고, 물이 부족한 마을에는 우물을 만들도록 도와주는 아이들이 많다. 먼 곳까지 직접 찾아가 힘을 보태는 아이들이 있는가 하면, 집에서 만든 레모네이드나 쿠키를 팔아 먼 나라 사람들을 돕기 위한 모금 활동을 펼치는 아이들도 있다. 자기가 좋아하는 일을 하면서 도움을 줄 수 있다면, 그만큼 기쁜 일도 없을 것이다!

내 생각을 말하자

우리는 종종 물건을 사야 할 때가 있다. 우리가 어떤 제품을 고르느냐에 따라 제품을 생산하는 회사에 강력한 메시지를 보낼 수 있다. 노동자를 소중히 대하고 환경을 중요하게 여기는 회사의 제품을 살수록 회사들은 책임감을 가지고 물건을 만든다.

여러분이 어떤 제품에서 아쉬운 점을 발견했다면 그 제품을 만든 회사에 편지나 이메일을 보내는 것도 좋은 방법이다. 이렇게 하면 물건을 살 때 여러분이 중요하게 여기는 것이 무엇인지 회사에 똑똑히 알릴 수 있다.

나 혼자는 그만, 나눔은 널리!

우리는 이웃과 함께 채소를 기르거나, 친구들과 옷을 바꿔 입거나, 토스터를 사는 대신 동네 주방 도서관에서 빌리면서 우리가

▲ 캐나다 아이들이 노동에 시달리는 저개발국 아이들을 돕기 위한 기부금을 모으려고 하키 경기를 열고 있다.

굳건한 공동체의 한 사람이라는 사실을 깨닫는다. 인류가 지구에 나타난 이래로 사람들은 서로를 보살펴 왔다. 우리는 서로에게 무엇이 도움이 되고, 무엇이 도움이 안 되는지에 대해서도 배워 왔다.

나누고자 하는 마음만 있다면 모두가 공평하게 누리는 세상을 만들어 나갈 수 있다. 세상을 좀 더 가깝게 이어 주는 인터넷 같은 기술을 통해서 모두가 행복해지는 세상을 만들어 보자.

더불어 사는 지구 68

어떻게 소비해야 모두가 행복할까? – 작은 발걸음 큰 변화 ⑨

처음 펴낸 날 2017년 6월 27일 | **여섯번째 펴낸 날** 2024년 2월 1일
글 미셸 멀더 | **옮김** 현혜진 | **펴낸이** 이은수 | **편집** 오지명, 김수연 | **북디자인** 원상희
펴낸곳 초록개구리 | **출판등록** 2004년 11월 22일(제300-2004-217호)
주소 서울시 종로구 비봉2길 32, 3동 101호
전화 02-6385-9930 | **팩스** 0303-3443-9930
인스타그램 instagram.com/greenfrog_pub

ISBN 979-11-5782-055-9 74840 | 978-89-956126-1-3(세트)

- 이 도서의 국립중앙도서관 출판시도서목록(CIP)은 서지정보유통지원시스템 홈페이지(http://seoji.nl.go.kr)와 국가자료공동목록시스템(http://www.nl.go.kr/kolisnet)에서 이용하실 수 있습니다.(CIP제어번호: CIP2017014278)

사진 저작권 목록

p2-3 Vladimir Melnik/Dreamstime.com p6 Pindiyath100/Dreamstime.com p7 Gaston Castano p8 Shari Nakagawa
p10 A.Dagli Orti/Bridgeman Images p11 T.W. Van Urk/Dreamstime.com p13 Jeffrey Northey
p14 [좌]Eric Guinther/Gfdl/Wikimedia.org [우]Vickyru/Istock p15 NA-2497-6/Glenbow.org
p16 National Archives Photo No. 03-0317M p18 Roger-Viollet, Paris/Bridgeman Images p19 William Notman&Son/Mccord Museum
p20 NA-1824-1/Glenbow.org p21 Michelle Mulder p23 St. Paul Daily News, 1937, Minnesota Historical Society Collection, Hg4.4 P5 K
p24 Morley, Hubert/Unt Digital Library p25 Michelle Mulder p26 Jinlide/Dreamsitme.com p28 Look And Learn/Bridgeman Images
p29 Catwalker/Shutterstock.com p30 Gogosvm/Istock.com p32 [상]Ilrf/Robin Romand [하]Biswarup Ganguly/Wikimedia.org
p34 Sugiyono83/Dreamstime.com p36 John Wollwerth/Dreamstime.com p37 Kim Kasl/Blessthistinyhouse.com
p39 Radiokafka/Dreamstime.com p40 Helder Ramos p42 Michelle Mulder p43 Hossain Toufique Iftekher/Wikipedia.org
p44 KIVA p45 William Neumann Photography p46 William Neumann Photography p47 Metowe.com p49 Michelle Mulder
p50 Katie Stagliano p51 Fallen Fruit(David Burns and Austin Young) p52 Alison Dunford/Hole Food Rescue
p53 Benh Lieu Song/Wikipedia.org p54 [상]Jessica Watts [하]John Locke p55 Michelle Mulder p56 Piper Watson p58 Alan Muskat
p59 Lars Aronsson/Wikipedia.org p60 Stacey Marie Skeleton Key/Wikipedia.org p61 Michelle Mulder p63 Molly Costello
p64 Michelle Mulder p66 Kim Hodge p67 Marian Vejcik/Dreamstime.com p68 [상]Fedecandoniphoto/Dreamstime.com [하]Neesa Rajbhandari/Wikipedia.org p69 Martin Waalboer/Repair Café Foundation p71 Mary Lue Emmerson